AF257231

LE POÈTE COLARDEAU

DE L'ACADÉMIE FRANÇAISE

A LA FONTAINE DE SEGRAIS

A PITHIVIERS-LE-VIEIL (Loiret)

ÉPITRE

A M. DUHAMEL DE DENAINVILLIERS (1774).

Prix : 75 centimes

AU PROFIT DE LA CHAPELLE DE SEGRAIS

A ORLÉANS

Chez HERLUISON, Libraire-Éditeur,

rue Jeanne-d'Arc, 17

A PITHIVIERS, chez les Libraires

ET A LA FONTAINE DE SEGRAIS.

1875

LE POÈTE COLARDEAU

DE L'ACADÉMIE FRANÇAISE

A LA FONTAINE DE SEGRAIS

A PITHIVIERS-LE-VIEIL (Loiret)

ÉPITRE

A M. DUHAMEL DE DENAINVILLIERS (1774).

Prix : 75 centimes

AU PROFIT DE LA CHAPELLE DE SEGRAIS

A ORLÉANS

Chez HERLUISON, Libraire-Éditeur

rue Jeanne-d'Arc, 17

A PITHIVIERS, chez les Libraires

ET A LA FONTAINE DE SEGRAIS.

1875

PRÉFACE

L'antique fontaine de Segrais vient d'être rendue au public ; c'est un bienfait considérable pour toute la contrée ; dans un temps où l'on se plaint dans chaque famille de l'appauvrissement du sang et de la faiblesse générale des tempéraments, n'est-il pas bien juste de mettre à profit ce trésor enfoui depuis de longues années, et que tant de communes se fussent estimées si heureuses de posséder ?

Bien des personnes, nous l'espérons, viendront à cette nouvelle fontaine, pour lui demander le secours de ses eaux fortifiantes ; puissent-elles y trouver, comme tant d'autres dans le passé, la guérison de leurs infirmités, une ardeur nouvelle pour parcourir ces rudes sentiers de la vie humaine, si courte, hélas ! et cependant remplie de tant de misères : *Homo natus de muliere, brevi vivens tempore, repletur multis miseriis.* Qu'elles prennent ces eaux avec une pleine confiance dans leur efficacité naturelle ; car elles possèdent une vertu réelle et bien établie, suivant les savantes analyses des hommes spéciaux.

Le restaurateur de la fontaine de Segrais s'est appliqué à réunir, auprès de cette source célèbre, les objets les plus

capables de charmer les nombreux promeneurs. A côté de la
fontaine, il a fait transporter deux sarcophages en pierre
blanche, trouvés à Pithiviers-le-Vieil, qui ont contenu autrefois
les restes de quelque grand de la terre, de quelque grand
guerrier des époques les plus reculées, si on en juge par les
armures, cottes de fer, haches d'armes qu'elles renfermaient
à côté des ossements humains. Ces magnifiques tombeaux
parfaitement conservés, bien qu'ils semblent remonter aux
époques mérovingiennes, ne manqueront pas d'intéresser
vivement les visiteurs si intelligents qui abondent tous les
jours dans la charmante vallée de Segrais. A l'intérieur de la
fontaine et tout près de la source, on voit s'élever dans une grotte
très-bien imitée de Lourdes, une suave et douce figure de
vierge immaculée, qui semble présider à la source même
coulant à ses pieds, et dont la vue ne peut être que fort
agréable aux personnes souffrantes, presque toutes très-pieuses,
qui viendront ici prendre les eaux.

Un libre-penseur eut placé là, peut-être, une statue de la
Liberté ; pourrait-on s'étonner qu'un prêtre y ait placé de
préférence une gracieuse madone, l'image de la mère de tous
les chrétiens, qui est aussi le salut de tous les malades : *Salus
infirmorum ?*

Comme Saint-Grégoire pour Pithiviers, Segrais est pour
Pithiviers-le-Vieil un lieu de pèlerinage et de procession
annuelle, le jour de la fête des patrons du pays, Saint-Gervais
et Saint-Protais, martyrs des premiers siècles de l'ère
chrétienne.

Ce jour là, comme à Saint-Grégoire, on pourra désormais
célébrer, à Segrais, le saint sacrifice de la messe, dans cette
délicieuse solitude ; car une chapelle, ornée d'un très-bel autel
et de très-jolies statues, s'élève auprès de la nouvelle fontaine,
présentant à tous les regards, à travers les grilles de cette
grotte, comme un magnifique fond religieux.

Telle est la nouvelle fontaine de Segrais, dont les eaux

bienfaisantes ont été autrefois si fréquentées par nos pères, et dont la vertu a été reconnue et attestée par les hommes les plus compétents.

Cette source depuis longtemps était tarie, par suite de l'abaissement du niveau des eaux ; plusieurs la croyaient desséchée pour toujours ; mais beaucoup de personnes, qui n'ont point perdu le souvenir de la première source, ont reconnu avec joie son identité ; aussi, tout porte à croire que Segrais va se ranimer et retrouver, de nos jours, quelque chose de sa première célébrité.

A cette fin, il nous a paru utile de parler de ces eaux au point de vue scientifique, en disant qu'elles figurent dans la Thermiatrie française, à côté des eaux les plus renommées de notre pays, comme on pourra en juger par l'extrait suivant, qui est la meilleure preuve de leur efficacité propre et de leur vertu naturelle.

EXTRAIT DE LA THERMIATRIE FRANÇAISE

EAU FERRUGINEUSE

SEGRAIS (Loiret)

Entre Pithiviers et Pithiviers-le-Vieil.

Désignation géologique : Sédiment jaunâtre, orangé.

Saison propice : Mai, juin, juillet, août, septembre.

Propriétés physiques : Pellicule irrisée, le matin et le soir ; limpides ; froides ; saveur styptique ; ferrugineuses ; odeur d'hydrogène sulfuré.

Propriétés médicales : Toniques ; excitantes ; styptiques.

Indications thérapeutiques : Chlorose ; engorgements abdominaux ; leucorrhée ; hemorrhée ; hémacelinose ; dyssenterie chronique, ictère ; atonie gastro-intestinale ; maladies scrofuléuses ; convalescence lente.

Mode d'administration : Trois ou quatre pintes le matin, de quart d'heure en quart d'heure ; en prendre aux repas avec du vin.

Analyse chimique : Sulfate de fer ; sulfate de chaux ; sulfate de magnésie.

Analyste : Le docteur Genest. 1775.

NOTICE HISTORIQUE

SUR

COLARDEAU

DE L'ACADÉMIE FRANÇAISE.

Nicolas-Pierre Colardeau naquit à Janville, petite ville de la Beauce, à six lieues d'Orléans, le 12 octobre 1732. — Il était fils de Charles Colardeau, receveur de cette ville, et de Jeanne Regnard.

Privé de ses père et mère à l'âge de treize ans, il n'eut d'appui qu'un oncle maternel, curé de Pithiviers, qui, devenu son tuteur, l'envoya au collège de Meung-sur-Loire, pour y continuer ses humanités, qu'il avait commencées chez les Jésuites à Orléans. Il se sentit de très-bonne heure un goût décidé pour la poésie française, qu'il cultiva avec une sorte de passion.

Il réussit dans cette carrière des Lettres, jusqu'à mériter de voir s'ouvrir pour lui les portes de l'Académie. Il mérita tous les suffrages; mais il n'eut point la consolation si grande d'occuper le fauteuil laissé vide par M. le duc de Saint-Aignan. Il avait quitté Pithiviers et fait ses adieux au vallon de l'Essonne et à la fontaine de Segrais, qu'il avait si souvent visités avec son illustre ami et bienfaiteur, M. Duhamel de Denainvilliers ; il s'était rendu à Paris pour la solennité de sa réception à l'Académie. Hélas ! il ne put jouir de cette consolation, qu'il n'eut pas manqué de proclamer le suprême honneur de sa vie et la meilleure récompense de ses œuvres. Il mourut à Paris le jour de Pâques, 7 avril 1776, âgé de 43 ans et demi, muni de tous les sacrements de la sainte Eglise, emportant avec lui le regret de ses amis et de tous ceux qui s'intéressaient à la gloire des Lettres.

Rien de plus touchant que les pleurs versées sur son cercueil par M. Dorat, poète comme lui et l'un de ses amis les plus fidèles :

> C'est donc toi que je presse, urne simple et chérie,
> Où la feuille du myrte au cyprès se marie !
> C'en est fait ! il n'est plus ce chantre harmonieux,
> Qui parlait aux mortels le langage des dieux.
> Astre brillant et pur, dans sa courte carrière,
> Il versa doucement sa tranquille lumière.
> L'amitié jusqu'à lui vint m'ouvrir un accès :
> J'enviai ses talents, et non pas ses succès.
> Rivaux toujours unis, ensemble nous franchîmes
> Les rocs glissants du Pinde et ses hauteurs sublimes ;
> Nous respirions tous deux un légitime orgueil.
> Dieux ! son char de triomphe enfermait son cercueil !
> Ici tout vient finir : dans cet abîme immense,
> Aux portes du trépas l'égalité commence.
> Ici la gloire même a perdu sa fierté,
> Et n'est qu'un bruit stérile au hasard répété.
> Mais non : une âme douce en ses écrits respire ;
> La terre est sa prison, le ciel est son empire,
> L'Eternité son terme ; et, reprenant ses dons,
> L'Olympe s'enrichit des biens que nous perdons.

La ville de Pithiviers a bien le droit de regarder Colardeau comme l'un de ses enfants, et de le mettre au nombre de ses plus illustres citoyens ; car c'est dans son enceinte qu'il a vécu depuis l'âge de 13 ans, sous la direction de son oncle, M. Regnard, curé de cette ville, qui encouragea ses premiers pas dans la carrière des lettres. C'est à Pithiviers, sous le toit du presbytère, que le jeune poète composa tant d'œuvres remarquables qui attirèrent l'admiration du public et lui ouvrirent, à l'unanimité des suffrages, les portes de l'Académie française, honneur qu'il ne brigua jamais et qu'il s'étonna même d'avoir mérité.

Je ne viens point ici produire la liste, et elle serait longue, des œuvres littéraires du jeune académicien : pièces fugitives, tragédies, épîtres, satyres, lettres, odes, poèmes; car sa plume facile a excellé dans tous les genres. Je ne veux offrir au public qu'une simple épître de Colardeau, épître célèbre, l'une des meilleures productions de notre poète, et qui aura pour Pithiviers un intérêt réel, par le sujet qu'elle touche et les couleurs qu'elle répand sur des lieux connus et aimés de tout le monde : je veux parler de son épître à M. Duhamel de Denainvilliers, où le lecteur trouvera la plus belle description de la vie champêtre, l'amour de la solitude et la glorification de la vraie sagesse, dans un homme de bien qui a fait tant d'heureux, et qui a légué à ses descendants un héritage de vertus, de science et d'humanité, qui n'a point dépéri, tout le monde le sait, entre les mains de ses nobles neveux.

Au moment de rendre au public la fontaine de Segrais, il m'a paru naturel de réveiller les souvenirs d'un passé qui ne fut point sans gloire pour cette source précieuse, véritable don du ciel, et de mettre sous les yeux des lecteurs, les vers si beaux que le poète a composés sur son illustre ami et bienfaiteur. Le nom de Segrais revient souvent sous sa plume, et le lecteur comprendra sans peine que Colardeau, dont la santé était si délicate, a dû venir bien souvent boire ces eaux minérales, dont il avait tant besoin, et dont aussi il parle en si beaux termes.

Le public trouvera à Segrais un site d'une rare beauté, dont Colardeau avait certainement pressenti l'avenir quand il a dit :

« On cherche vainement la voûte d'un feuillage ;
« Segrais n'a point encor d'ombre ni de bocage ;
« Mais par tes soins, un jour, aux pieds de ces côteaux,
« L'érable et le tilleul étendront leurs rameaux.
« Puissé-je, dans ces temps, conduire ta vieillesse
« Vers ce riant asile, orné par ta sagesse !

Si le poète, qui a tracé ces beaux vers, revenait parmi nous, au milieu des splendeurs de notre vallon, combien il se sentirait ému ; et quels beaux vers sa muse si riche, si facile, lui dicterait, sans doute, pour chanter toutes ces beautés agrestes, rehaussées encore, de nos jours, par ces grandes demeures de l'industrie voisine et ces travaux gigantesques du chemin de fer, qui font tant d'honneur au génie de l'homme !

ÉPITRE

A M. DUHAMEL DE DENAINVILLIERS

Fortunate senex, ergo tua rura manebunt.
Virg., *Egl.* 1.

1774

Avertissement de l'auteur de l'Epitre

Le retour du printemps est la seule considération
qui me détermine à publier cette épître ; comme elle
renferme des peintures assez naïves de la vie, des
mœurs et des occupations de la campagne, je ne la
crois pas sans une sorte d'intérèt. Dans ce moment
où l'on quitte le faste et l'ennui de la ville, pour aller
jouir au dehors du spectacle de la nature rajeunie, je
crois que des images, dessinées avec soin, d'après ce
modèle, pourront présenter quelque agrément. D'un
autre côté, si je parviens à émouvoir les cœurs de
mes compatriotes, en faveur de cette classe labo-
rieuse de citoyens qui cultivent la terre, sans parta-
ger avec nous les jouissances de ses productions; si,
dis-je, j'attendris pour elle ces âmes compatissantes
dont il ne faut que réveiller la sensibilité pour les
exciter à la bienfaisance, je me féliciterai d'avoir
donné cet ouvrage, et mon cœur s'enorgueillira du
bien qu'il aura pu produire.

Les douceurs de la retraite, les charmes de la campagne, cette mélancolie douce qui succède aux agitations d'une vie tumultueuse, cette profondeur de sentiment que l'on doit au calme de son âme, enfin des plaisirs purs et tranquilles m'inspirèrent le projet de cette épître.

Cependant, si cette épître ne renfermait que des peintures champêtres et des scènes purement pastorales, je compterais peu sur la réussite ; car notre langue est médiocrement pittoresque et le genre descriptif y a peu d'avantage ; s'il m'était permis d'espérer quelque succès, je l'attendrais des sentiments d'humanité et de bienfaisance que j'ai développés et fondus dans les détails de cet ouvrage. Cette espèce de philosophie rurale et pratique ne manque jamais son effet sur les cœurs sensibles, et, malgré la corruption de nos mœurs, il en est encore quelques-uns. Les grands et les riches, qui, au milieu de la capitale, ne sont que personnels et durs, perdent leur égoïsme et l'aridité de leur cœur lorsqu'ils habitent leurs châteaux.

Ne rabaissons point, ne dénaturons point les actions honnêtes en les imputant à des motifs d'amour propre et de hauteur. En général on fait aujourd'hui le bien dans les terres ; c'est là qu'on redevient homme, et qu'on descend de l'élévation idéale, d'où l'on ne voyait plus ses semblables et ses égaux ; c'est là que le spectacle de l'indigence et des travaux de nos cultivateurs ouvre nos âmes à cette pitié généreuse qui console les infortunés et va au-devant de leurs besoins. Cette métamorphose subite est très-naturelle et très-simple. Tous ces intérêts de l'orgueil, toutes ces inquiétudes de l'ambition, ce goût effréné du faste et des plaisirs, nos intrigues, nos folies, nos erreurs, tout ce qui pèse sur nous dans le séjour de la ville, rien de tout cela ne nous suit à la campagne. On s'y livre sans réserve à l'abandon de soi-même, à l'oubli de ses prétentions, aux douceurs de la tranquillité, et l'on fait des heureux, par le désir de l'être. Voilà ce que j'ai vu mille fois avec attendrissement, et ce que j'aurais voulu peindre avec plus de chaleur et d'énergie.

Mais passons à un intérêt plus pressant pour moi que tous les autres, qui est de faire connaître les personnes dont il est parlé dans cette épître.

M. Duhamel du Monceau, de l'académie des sciences, est trop célèbre par ses ouvrages, pour que j'aie à mettre mes lecteurs au fait des places qu'il occupe et des objets sur lesquels je le loue; cet ouvrage est plus particulièrement adressé à M. Duhamel de Denainvilliers, son frère. Celui-ci, moins connu, mais également fait pour l'être par ses qualités et l'étendue de ses lumières, vit isolé dans une terre située sur les confins du Gâtinais: c'est là qu'il s'occupe journellement des expériences nécessaires aux travaux de l'académicien. Il a naturalisé dans son parc une foule d'arbres et d'arbustes étrangers, que l'on a vus depuis se multiplier dans nos plantations françaises, sur nos routes et sur nos avenues. On voit encore, dans ses serres, une suite nombreuse de plantes les plus rares, et qui piquent le plus la curiosité. La chimie, l'astronomie, l'agriculture, l'histoire naturelle, enfin toutes les parties de la physique font les objets de ses observations ; mais ces travaux ne prennent rien sur le soin du bonheur de ses paysans et de ses vassaux. Il est leur juge, leur protecteur, leur ami, leur père : on ne peut réunir, à la fois, plus de connaissances et de vertus. Les personnes qui l'ont vu de près et dans son intimité attesteront que je n'ai point surchargé son éloge : il est le modèle exact du sage que j'ai voulu peindre. C'est sans son aveu que je donne au public cette épître : sa modestie s'y serait opposée ; et j'ai passé sur cette formalité, peut-être nécessaire, par un motif que les honnêtes gens approuveront. Depuis quelques années, on a répandu beaucoup de fleurs sur les tombeaux des hommes illustres ou bienfaisants qui ont honoré la nation et servi l'humanité : il faut aussi attacher quelques guirlandes aux portes des personnes vertueuses qui vivent parmi nous, et accoutumer les hommes, s'il est possible, à rendre justice à leurs contemporains.

ÉPITRE

A M. DUHAMEL DE DENAINVILLIERS.

———

Solitaire vallon, où, parmi les roseaux,
L'Essonne lentement laisse couler ses eaux,
Enfin je te revois ; et tes rives fleuries
Vont m'inspirer encor d'utiles rêveries.
Au milieu du tumulte et du bruit des cités,
Mes esprits, loin de moi dans le vague emportés,
Dociles aux désirs d'une foule insensée,
A l'intérêt de plaire immolaient ma pensée.
. . . .
Mais, de Rome échappé, je reviens dans Tibur
Respirer les parfums d'un air tranquille et pur ;
Je parcours, plus heureux, ces routes isolées.
Si je suis les détours que forment ces vallées,
J'aime à voir le zéphir agiter dans les eaux
Les replis ondoyants des joncs et des roseaux ;
Et ces saules vieillis, dans leur mourante écorce,
Pousser encor des jets pleins de sève et de force.
Ici tout m'intéresse et plaît à mes regards :
Sur les bords du ruisseau, cent papillons épars,
Avant que mes esprits démêlent l'imposture,
Me paraissent des fleurs que soutient la verdure.
Déjà ma main séduite est prête à les cueillir ;
Mais, alarmé du bruit, plus prompt que le zéphir,

L'insecte, tout à coup détaché de la tige,
S'enfuit..., et c'est encore une fleur qui voltige.
Les arbres, le rivage et la voûte des cieux,
Dans le cristal des eaux, se peignent à mes yeux :
Chaque objet s'y répète, et l'onde qui vacille
Balance dans son sein cette image mobile
Tandis que du tableau je demeure frappé,
Soudain, vers l'horizon, le ciel enveloppé
Roule un nuage sombre ; et déjà le tonnerre
De ses flèches de feu le sillonne et l'éclaire :
Mais un vaste intervalle en absorbe le bruit.
La tempête, semblable aux ombres de la nuit,
Dans le calme imposant du plus profond silence,
Monte, se développe, et lentement s'avance.
La nature frémit dans un muet effroi :
L'air immobile et lourd s'appesantit sur moi.
Tout à coup il murmure ; un tourbillon de poudre
S'élève vers la nue où retentit la foudre ;
La terre au loin mugit sous ses coups répétés,
Et l'éclair étincelle à traits précipités ;
Les cieux grondent ; les vents sifflent ; l'urne céleste
Menace le vallon d'un déluge funeste ;
Et du haut des rochers, d'un cours impétueux
Tombent avec fracas cent torrents écumeux.
Les oiseaux, que partout environne l'orage,
Voltigent, incertains, de feuillage en feuillage ;
Et le pâtre éperdu, rassemblant son troupeau,
A travers les guérets regagne le hameau.
Moi-même, qui me trouble en voyant la tempête,
Comme un vautour affreux, s'élancer sur ma tête,
Je monte la colline... un abri m'est offert ;
C'est le château d'un sage, aux malheureux ouvert :
Duhamel, c'est le tien. Je suis tes avenues ;
Ébranlés par le poids de leurs têtes chenues,

Tes ormes, sous le choc de deux vents opposés,
Embarassent mes pas de leurs rameaux brisés.
A ce désordre, au bruit, aux éclats du tonnerre,
On dirait que les cieux s'écroulent sur la terre.
Par l'orage effrayé, j'en admire l'horreur :
Le philosophe observe, et l'homme seul a peur.

   J'arrive ; un important, couvert de ta livrée,
Ne me fait point chez toi solliciter l'entrée ;
De ta porte, à son aise, on peut franchir le seuil.
Cerbère caressant, et de facile accueil,
Ton chien, sans m'obliger d'attendre une réponse,
Court au devant de moi, bondit, jappe et m'annonce.

   Si jadis tes aïeux parèrent ta maison
Des bizarres beautés d'un gothique écusson,
Dans tes jardins, partout, je vois que ton génie
L'orna plus sagement des travaux d'Uranie.
Ici, sur un pivot vers le nord entraîné,
L'aimant cherche à mes yeux son point déterminé ;
Là, de l'antique Hermès le minéral fluide
S'élève au gré de l'air plus sec ou plus humide.
Ici, par la liqueur un cube coloré
De la température indique le degré ;
Là, du haut de tes toits incliné vers la terre,
Un long fil électrique écarte le tonnerre.
Plus loin la cucurbite, à l'aide du fourneau,
De légères vapeurs mouille son chapiteau :
Le règne végétal, analysé par elle,
Offre à l'œil curieux tous les sucs qu'il recèle ;
Et plus haut je vois l'ombre, errante sur un mur,
Faire marcher le temps d'un pas égal et sûr.

   C'est là que les saisons, les mois et les années
S'écoulent sous tes yeux en heures fortunées.
Eh ! quelle heure du jour pourrais-tu regretter ?
Par autant de bienfaits on te les voit compter.

L'ami de tes vassaux, et leur juge, et leur père,
De leur humble cabane écartant la misère,
Nouveau Titus, assis sur un trône de fleurs,
Citoyen couronné, tu règnes sur les cœurs.
Le temps fuit ; de son vol le passage s'efface ;
Tes monuments divers en ont fixé la trace :
L'employer comme toi, c'est savoir l'arrêter.
Tu sais que ce tilleul que tu viens de planter,
Ne dût-il rien souffrir des vents et des orages,
N'en périra pas moins dans le torrent des âges.
Duhamel, ces cyprès, que tes mains ont semés,
D'abord froids embryons dans la pulpe enfermés,
Attendirent le jour où tu verrais leur germe
Sortir, développé, du sol qui les renferme ;
Tu les vois aujourd'hui ces superbes cyprès,
En lustres élevés, décorer tes bosquets.
Mais le temps quelque jour, par un autre prodige,
Viendra déraciner et dépouiller leur tige.
Eh ! combien dont l'ombrage entourait les tombeaux,
Sur la cendre des morts ont perdu leurs rameaux !
De nos tristes destins tel est l'ordre suprême ;
Tout périt ici-bas, tout,... le tombeau lui-même.
Mais le sage, qui pense et calcule le temps,
En sait mettre à profit les rapides instants.
Tandis que les humains, jouets de la folie,
Laissent évanouir le rêve de la vie,
Le philosophe, actif sans être dissipé,
Utile à son semblable et de l'homme occupé,
Par ses travaux divers, ses soins, sa bienfaisance,
Réalise le songe, et sent son existence.
Il a tout observé, tout pesé, tout connu ;
Le terme arrive, il meurt ; mais lui seul a vécu.
Que dis-je ? il ne meurt point ; il survit à lui-même ;
Dans le bien qu'il a fait sa postérité l'aime.

C'est ainsi, Duhamel, qu'aux jours de l'avenir
Tes neveux fortunés, pleins de ton souvenir,
Sans aller te pleurer au pied d'un mausolée,
S'imagineront voir ton ombre consolée
Errer dans ces bosquets, sous ces arbres chéris
Que tes mains ont plantés, que la terre a nourris.
Déjà n'entends-tu pas, au sein de tes domaines,
Ce peuple, qui cultive et féconde tes plaines,
Tranquille sous les toits que tu viens d'achever,
Bénir le bienfaiteur qui les fit élever ?
Là, sa femme, ses fils, sa famille qu'il aime,
Ses utiles troupeaux, ses valets et lui-même,
Sous un abri commode ont trouvé, par tes soins,
Ce qu'il faut au bonheur, ce qui manque aux besoins.
Qu'il est doux de jouir des fruits de sa sagesse !
Le pauvre, soulagé du fardeau qui l'oppresse,
En s'occupant pour toi, trouve en toi des secours,
Et d'un pain légitime alimente ses jours.
Ici, son bras nerveux ébranle et déracine
Des rocs, qu'il fait rouler du haut de la colline ;
Là, plus industrieux, sous les coups du marteau,
Il dégrossit le bloc, qu'il finit au ciseau.
Pour recevoir de l'air les douces influences,
Il creuse ici le sol à d'égales distances ;
Et, dans cette avenue, au retour du bélier,
Tu lui feras planter l'orme et le peuplier.
Lorsqu'enfin, vers le soir, sa tâche est terminée,
Revenant à pas lents, chargé de sa cognée,
Harassé du travail, noirci des feux du jour,
Le front baissé, l'œil morne, il rentre dans ta cour,
De ta main bienfaisante, il reçoit son salaire :
Le malheureux sourit, et va dans sa chaumière
Offrir, d'un air content, à sa chère moitié
Un pain qui lui manquait, qu'il doit à ta pitié.

Sage Denainvillers, jouis longtemps encore
Du nom de bienfaiteur, de ce nom qui t'honore !
Dans Paris, où l'orgueil de nos vains préjugés
Donne aux grands des flatteurs et de vils protégés,
Où le riche, écrasant la timide indigence,
Au poids de ses trésors pèse son importance ;
J'ai connu des mortels (et j'en rougis pour eux)
Dont l'âme se fermait aux cris des malheureux;
Qui, détournant la vue à l'aspect de leurs larmes,
De la douce pitié méconnaissaient les charmes :
Mais, va, je n'ai point vu ces mortels froids et durs
Dans leur triste bonheur goûter des plaisirs purs.
Au milieu de l'éclat de leur cour turbulente,
Je n'ai point entendu de voix reconnaissante,
Par le cri de l'amour, publier leurs bienfaits.
On les flatte souvent sans les bénir jamais.
Je les ai vus, trompés par leurs propres systèmes,
Au sein des voluptés traîner l'ennui d'eux-mêmes :
Blasés par l'habitude, heureux jusqu'au dégoût,
Ils n'ont joui de rien en jouissant de tout.
La nature a voulu, par la loi la plus sage,
Que le plus doux plaisir fût celui qu'on partage.
Des heureux que l'on fait, on reçoit le bonheur ;
La main donne ;... elle achète un plaisir pour le cœur
Plaignons l'être isolé qui dans lui se renferme !
Quand tu vois, Duhamel, sous l'orme de ta ferme,
La joie, un jour de fête, assembler le hameau ;
Lorsque la cornemuse et son aigre pipeau
Font danser ton fermier qui lourdement sautille ;
Et mène en rond l'essaim de sa jeune famille;
Un contentement pur t'intéresse à ses jeux :
La volupté du sage est de voir des heureux.
Écoute : de tes murs aux remparts de la ville
La tempête a rendu le retour difficile ;

Donne-moi ton souper, quelques fruits, du lait frais,
Rien de plus : l'amitié n'exige point d'apprêts.
Et si le ciel est pur, quand l'aube matinale
Annoncera demain l'amante de Céphale,
Nous irons dans tes champs, au sortir du sommeil,
Admirer la nature, épier son réveil.
Nous verrons dans ta cour le coq fier et superbe,
Pour y chercher le grain, éparpiller la gerbe.
Nous entendrons encor, sur le toit de leur tour,
Tes pigeons roucouler les soupirs de l'amour ;
Et bientôt tu verras cette troupe élancée
Fondre sur tes guérets, par le besoin pressée,
Se relever cent fois en légers tourbillons,
Et d'une aile rapide effleurer les sillons.
Sortis de ta demeure, et traversant la plaine,
Nous irons de Segrais visiter la fontaine;
Segrais, vallon charmant dans sa rusticité,
Source pure où l'on puise, où l'on boit la santé ;
Où la beauté flétrie, au moment d'être éclose,
Vient embellir son teint des couleurs de la rose ;
Segrais, dont le breuvage et salutaire et frais,
Fait circuler un sang devenu trop épais;
Qui divise à la fois nos humeurs engourdies,
Et de la fièvre en nous, éteint les incendies.
Là, pendant que ton frère, occupé dans nos ports,
De l'une et l'autre mer parcourant les deux bords,
Ira de nos vaisseaux déterminer la coupe,
Calculer les rapports de la proue à la poupe,
Assujettir la quille, en affermir les bras,
Etayer des haubans et la vergue et les mâts,
Donner à la manœuvre un jeu facile et libre,
Balancer tous les poids dans un juste équilibre ;
Et, par cet art enfin maître des éléments,
Enchaîner le caprice et la fureur des vents ;

Là, dis-je, loin du bruit des mers et des orages,
Préférant une rive à de vastes rivages,
Sur les bords d'un ruisseau paisiblement couché,
Tu pourras m'expliquer par quel détour caché
Du vallon de Segrais la nymphe solitaire
Verse dans un bassin son onde salutaire ;
Ton esprit fixera mes esprits incertains.
Je saurai si la terre en ses noirs souterrains
Contient le réservoir de ces eaux inconnues ;
Ou bien si ce tribut et de l'air et des nues,
Par l'éponge des monts goutte à goutte filtré,
Reparaît à nos yeux et sort plus épuré.
    Mais déjà je crois voir, le long de la chaussée,
Courir vers la fontaine une foule empressée :
Dans la simple parure et l'habit du matin,
Vois Chloé, vois Rosine, une coupe à la main,
Précipiter vers nous leur démarche légère
Et chercher un remède aux maux qu'elles n'ont guère.
Églé les suit à peine ; — Églé n'a plus d'attraits ;
Une sombre pâleur décolore ses traits.
On dit qu'un feu caché, que peut-être elle ignore,
Aux plus beaux de ses jours la brûle et la dévore.
Ainsi sous le midi, dans l'ardeur de l'été,
La rose voit flétrir l'éclat de sa beauté ;
Mais des zéphirs du soir l'haleine caressante
Relève et raffermit sa tige languissante.
Le destin d'une femme est celui d'une fleur :
Eglé, comme la rose, a perdu sa fraîcheur.
Mais en buvant ici, Segrais, ton onde pure,
Eglé retrouvera sa première parure.
    Cependant le soleil, monté sur l'horizon,
Nous lance un feu plus vif, et luit dans le vallon.
On cherche vainement la voûte d'un feuillage :
Segrais n'a point encor d'ombre ni de bocage.

Mais par tes soins, un jour, aux pieds de ces coteaux
L'érable et le tilleul étendront leurs rameaux.
Puissé-je, dans ces temps, conduire ta vieillesse
Vers ce riant asile, orné par ta sagesse !
La campagne, à mes yeux, eut toujours des attraits;
Un charme plus puissant que de vains intérêts,
Du milieu des cités, sans cesse m'y rappelle;
Elle eût mes premiers goûts, et je suis né pour elle.
S'il est quelque laurier que ma main put cueillir ;
Si d'un faible talent je puis m'enorgueillir ;
Si ma lyre, fidèle aux lois de l'harmonie,
Suppléa, dans mes vers, au défaut du génie ;
Si, moins brillant que pur, plus vrai qu'ingénieux,
Jamais d'un faux éclat je n'éblouis les yeux ;
Aux bois, aux prés, aux champs, je dois ces avantages.
C'est là que j'esquissai mes premières images,
Et que, par les objets ému profondément,
J'unis à mes tableaux le feu du sentiment.
J'observai la nature, et fus son interprète ;
De ses vives couleurs je chargeai ma palette.
Souvent, lorsque la nuit déployait dans les airs
Ce voile parsemé de tant d'astres divers,
Souvent lorsque l'aurore, étincelante et pure,
Des roses du matin colorait la nature,
Ou lorsque le soleil, plus radieux encor,
Roulait son char de feu sur des nuages d'or,
Parmi ces jets brillants et ces nuages sombres,
Je saisis le contraste et du jour et des ombres.
Souvent du rossignol j'écoutais les chansons;
Il instruisit ma muse attentive à ses sons :
J'appris à soupirer ces notes languissantes,
De la plainte amoureuse expressions touchantes :
Je formai ces accords plus vivement frappés,
A la joie, au plaisir, à l'ivresse échappés ;

Et, par ces tons divers, mon oreille exercée
Sut donner à ma voix l'accent de ma pensée.
Au bord de ce ruisseau qui, plaisible en son cours,
Suit de ces prés fleuris la pente et les détours,
J'appris l'art peu connu d'abandonner mon style,
Et de laisser couler un vers doux et facile ;
Chez nos cultivateurs transporté quelquefois,
Auprès de leurs foyers, à l'abri de leurs toits,
Dans les détails touchants de leur cabane obscure,
J'allais étudier les mœurs de la nature.
C'est là que par mon cœur mon esprit éclairé
Eut des sentiments vrais qu'il peignit à son gré.
C'est là que, près d'un fils, une mère attentive
Calmait dans le berceau son enfance plaintive ;
Et, tandis qu'à cet autre, endormi sur son sein,
Sa bouche souriait de l'air le plus serein,
Un autre, un autre encor, qui jouaient autour d'elle,
Occupaient tendrement son âme maternelle :
Et mes yeux satisfaits furent souvent témoins
Des baisers dont l'époux récompensait ces soins.

    O cabane du pauvre ! ô demeure champêtre !
Malheureux qui te fuit et n'ose te connaître !
Ah ! puissé-je bientôt, libre et débarassé,
Rejetant le fardeau dont je suis oppressé,
Habiter un asile où l'âme se consulte !
Des remparts de Paris fuyons le vain tumulte.
Quel besoin m'y rappelle et qu'y voir aujourd'hui ?
Le mérite oublié, le talent sans appui ;
L'aimable poésie, à jamais exilée,
Aux traits du bel esprit sans pudeur immolée ;
Une froide analyse à la place du goût ;
La raison qui dessèche et décompose tout;
Des écrivains du jour le style énigmatique ;
Du contraste des mots le choc antithétique ;

Un faste sans éclat, un vernis sans couleur ;
Des surfaces sans fond ; des éclairs sans chaleur ;
La gloire des beaux-arts ou souillée ou perdue,
Et leur palme flétrie à l'intrigue vendue.
    Il vaut mieux, Duhamel, assis à tes côtés,
De la simple nature admirer les beautés.
Oui, oui, je reverrai ta douce solitude :
J'y viendrai de ton cœur approfondir l'étude,
Y jouir avec toi du fruit de tes travaux,
Y nourrir le mépris d'un monde ingrat et faux ;
Et, fuyant loin des Dieux du globe sublunaire,
Rechercher, consoler cet utile vulgaire
Qui, pour un prix modique, avec peine obtenu,
Fait le bonheur de ceux dont il est méconnu.
Ta longue expérience instruira ma jeunesse ;
Mes fleurs s'enrichiront des fruits de ta sagesse ;
Et mon esprit, charmé de tes propos divers,
Finira l'entretien en te lisant ces vers :
Ces vers où je n'ai point, adulateur servile,
Divinisé d'un grand le colosse imbécile,
Mais où, fuyant la gêne et le ton de l'ennui,
J'ai su louer un sage en causant avec lui.

(1774)

FIN.

Il nous a paru naturel de placer à la suite de cette
charmante épître, l'éloge de M. Colardeau, à l'aca-
démie française, par l'homme illustre qui lui succéda,
La Harpe, qui a obtenu une place si distinguée parmi
les hommes de Lettres. Nous ne donnerons ici qu'un
extrait de ce beau discours qui fait tant d'honneur à
notre poète.

ÉLOGE DE COLARDEAU

*Extrait du discours de La Harpe, successeur de
Colardeau à l'Académie française.*

La poésie semblait être la langue naturelle de
M. Colardeau. Son extrême facilité à écrire en vers
étonnait tous ceux qui l'ont connu. Une santé fragile
et chancelante, présage, hélas! trop fidèle d'une car-
rière qui devait être trop tôt bornée, lui avait interdit
tout grand travail. La simplicité de ses goûts et de
ses mœurs l'attachait aux plaisirs d'une société intime
et confiante, et son âme sensible et naïve était faite
pour l'amitié. Retiré au sein d'une famille respecta-
ble, dont il était, pour ainsi dire, l'enfant d'adoption, il
y vécut dans cet heureux commerce de soins mutuels
si nécessaires pour lui faire oublier des maux qui
renaissaient tous les jours et une langueur qui
devenait incurable. L'égalité de son humeur n'en fut
jamais altérée. Lorsque vos suffrages, qu'il n'avait
brigués que par son mérite, vinrent le chercher sur le
lit de douleur qu'il ne quittait presque plus, vous vous
souvenez, Messieurs, de quelle joie pure il parut

rempli, et combien l'expression en était aimable et touchante. On vous porta sa lettre de remercîment, et vous crûtes entendre le chant du cygne. Son âme semblait se ranimer un moment pour la gloire et la reconnaissance; mais ce dernier rayon allait bientôt s'éteindre dans la tombe, et son nom, inscrit dans vos fastes, était donc tout ce qui devait vous rester de lui! Il avait traduit quelques chants du Tasse. Y avait-il une fatalité attachée à ce nom? et faut-il que pour la seconde fois, il n'ait pas été donné au Tasse de monter au Capitole?

Qu'il est rare, Messieurs, que la culture des lettres soit aussi paisible qu'elle est honorable! qu'il est difficile d'illustrer sa vie, sans la troubler, et d'élever, pour les générations futures, l'édifice du génie, sans qu'il soit ou retardé ou insulté ou méconnu par la génération présente! qu'il est doux d'obtenir la réputation en échappant à l'envie. Ce privilège, si peu commun, fut celui de l'académicien à qui j'ai l'honneur de succéder. M. Colardeau, né avec le talent le plus heureux, marqua son premier essai de tous les caractères d'un poète. Une élégance facile et brillante, un sentiment exquis de l'harmonie, cette imagination qui anime le style en colorant les objets, cette sensibilité qui pénètre l'âme, en même temps que le vers charme l'oreille, enfin ce naturel aimable qui grave dans la mémoire des lecteurs les idées et les sentiments, et, suivant l'expression de Despréaux, laisse un long souvenir, voilà ce que le public enchanté d'avoir un poète de plus, remarqua dans toutes les productions de M. Colardeau.

Extrait de la réponse de Marmontel à La Harpe.

Messieurs,

Qu'un jeune homme, à qui le ciel n'avait donné que des talents ; que dis-je, à qui le ciel avait vendu si cher ces talents de l'esprit, ces facultés de l'âme, cette organisation délicate à laquelle il devait peut-être et la vivacité brillante de son imagination et la finesse exquise de son goût, et cette sensibilité qui, de son cœur facile et tendre, se répandait avec tant de charmes sur ses écrits ; que ce jeune homme à qui les lettres tenaient lieu de tous les biens, même de la santé ; qui suspendait ses douleurs comme Orphée, digne d'en rappeler l'exemple par les douceurs de ses accents ; qui n'avait d'autre consolation dans ses maux, d'autre ambition, d'autre espérance, vous le savez, Messieurs, que de s'assurer du suffrage de la postérité en s'assurant le vôtre ; qui demandait, comme la récompense de ses veilles si douloureuses, l'honneur d'être assis parmi vous ; qui tournait ses regards mourants vers cette place qui l'attendait et dont vous l'avez jugé digne ; que cet infortuné jeune homme vienne expirer, en vous tendant les bras, sur le seuil de ce sanctuaire, sans que l'impitoyable mort lui permette d'y pénétrer, c'est un malheur d'autant plus cruel qu'il était encore sans exemple.

Nous l'avions prévu, ce malheur, quand M. Colardeau, pâle, exténué, défaillant, se trainant à peine vers nous, semblait n'avoir quitté son lit de mort que pour venir nous demander de recevoir ses derniers soupirs.

Vous voyez nos regrets ! Les mœurs de M. Colardeau, sa candeur, dirai-je, sa faiblesse aimable, son caractère tout entier nous attirait vers lui ! Qu'il se rendait peu justice, qu'il nous connaissait peu nous-mêmes, quand sa modestie lui faisait craindre de n'avoir pas assez fait pour se concilier nos voix ! Il s'en excusait dans la lettre qu'il écrivait à l'académie ; il s'en excusait sur l'état de souffrance où il languissait ; et quand nous avons répondu à ses timides espérances, il nous a fait rendre graces, comme d'une faveur ; ses dernières paroles ont été pour vous l'expression de la reconnaissance ; il en a chargé son ami comme d'une dette sacrée dont, en expirant dans ses bras, il lui a prescrit de l'acquitter. Hélas ! que n'a-t-il pu venir entendre de notre bouche quel prix il devait attacher à ses écrits qu'il estimait si peu. Il aurait su que nous n'étions ni assez injustes, ni assez ennemis du goût pour exiger d'une plume élégante des productions volumineuses ; il aurait su que, dans ses essais dramatiques, nous avions reconnu le talent précieux de peindre et d'émouvoir, et singulièrement ce tour d'expression noble, facile et naturel qui nous rappelait la sensibilité, l'élégance et la mélodie du style enchanteur de Racine.

Il est des poètes à qui l'aspect des majestueuses horreurs de la nature, le bruit des vagues, la chute des torrents, le mugissement des tempêtes tiennent lieu d'inspiration ; le génie de M. Colardeau, était ami du calme : il se plaisait dans la solitude, mais il voulait qu'elle fut riante, ou doucement mélancolique. Le chant des oiseaux était pour lui une harmonie délicieuse; il passait des nuits à l'entendre. Ecoute, disait-il à son ami qui veillait avec lui, écoute ; que la voix du rossignol est pure! que les accents en sont mélodieux ! ainsi devraient être mes vers. Le chantre du printemps était le seul rival dont il se permit d'être envieux. Tel fut M. Colardeau.

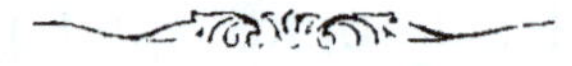

ADIEUX DE COLARDEAU

A LA FONTAINE DE SEGRAIS

———

Suivant que nous l'avons remarqué au commencement de cet opuscule, M. Colardeau, nommé académicien à l'unanimité des suffrages, quitta Pithiviers qu'il habitait souvent et qu'il aimait beaucoup, pour aller prendre place à l'académie et se préparer à la cérémonie de sa réception solennelle. C'était vers l'automne de 1775. Notre poëte était souffrant et ne quittait presque plus sa chambre.

Avant de quitter des lieux tant aimés et qu'il avait si souvent visités en la compagnie de M. Duhamel de Denainvilliers, il laissa échapper des adieux dont l'expression est des plus touchantes et des plus mélancoliques. On sent en les lisant que le poëte avait comme un pressentiment de ne plus revoir ces sites et ces vallons qu'il avait célébrés par de si beaux accents.

Segrais qu'embellit la nature,
Je quitte à jamais ton séjour ;
Malgré les tourments que j'endure
Le ciel s'oppose à mon amour.

Hélas ! rien n'est fixe sur terre :
Nos plaisirs ressemblent aux fleurs,
Le matin l'orgueil d'un parterre,
Le soir sans vie et sans couleur.
Adieu, doux son de la musette,
Adieu, veilles de nos hameaux ;
Adieu, bergers que je regrette,
Fleurs d'or qui parez nos côteaux ;
Paris peut-il rendre vos charmes ?
Peut-il, au moins les imiter ?
Il ne fait point verser des larmes
Quand on est près de le quitter !
Adieu, vallons, épais ombrages,
Monceau, qu'illustra Duhamel,
Bosquets divins, charmants rivages,
Donjons d'Yèvre-le-Châtel !
Adieu, fontaine bienfaisante,
Source où l'on puise la santé,
Segrais, ô colline charmante !
Segrais, ô séjour enchanté !
Oh ! si jamais femme volage
Venait pour boire de ton eau,
Qu'elle périsse du breuvage :
Tel est le vœu de Colardeau.

ÉPILOGUE

Pour compléter ce que nous avons à dire sur Segrais, qu'on nous permette de donner place ici à une pièce importante sur cette petite seigneurie, et que nous devons aux savantes recherches de M. Charles Daguet, ancien secrétaire de la mairie de Pithiviers. C'est un tableau intéressant des mœurs des siècles passés, et qui nous a paru plein de charme et d'intérêt, par la simplicité du récit et la révélation de ces joies pures des âges antérieurs, qui paraissent bannies, à l'heure présente, de notre société moderne, si fière pourtant de ses progrès, de ses découvertes et de ses libertés ; pourquoi faut-il qu'à mesure que notre société s'avance dans cette marche, d'ailleurs glorieuse, de ses victoires sur la matière, nous ayons à constater son éloignement du sentiment religieux et de l'esprit de famille ? car nous devons bien avouer que la part de Dieu, qui était si grande autrefois dans la nation, la famille et les individus, est devenue, de nos jours, bien petite, si elle n'est pas réduite à néant.

PRISE DE POSSESSION

DE LA SEIGNEURIE DE SEGRAY EN 1722

Dans l'après-midi du 27 juillet 1722, le petit hameau de Segray offrait un aspect inaccoutumé. Des groupes de paysans parés de leurs plus beaux habits et armés de quelques vieux mousquets stationnaient devant le moulin. A l'air préoccupé de tous ces braves gens et, plus encore, aux paroles échangées entr'eux, il était aisé de se convaincre que l'arrivée d'un haut personnage était attendue avec impatience.

Ce jour-là, en effet, messire Isaïe-René Ledet, écuyer, dont le père venait de mourir, devait prendre possession du lieu, fief, terre et seigneurie de Segray ; et ses vassaux se préparaient à le recevoir avec le cérémonial usité en pareil cas.

Les particularités de la vie du nouveau Seigneur, à peine âgé de vingt-trois ans, formaient surtout l'objet de la conversation des groupes dont nous venons de parler. Fils de parents protestants que la révocation de l'Edit de Nantes avait forcés de quitter la France et à chercher un refuge en Angleterre, Isaïe-René Ledet était né à Londres en 1699. Débarqué en France à l'âge de dix-huit ans environ, il avait été

placé à Thouars, en Poitou, chez le trésorier de la
Sainte-Chapelle du château de cette ville, l'abbé Goul-
de, qui était en même temps missionnaire entretenu
par sa majesté pour la conversion des hérétiques.
Là, le jeune Ledet, que les exhortations et les exem-
ples du missionnaire avaient convaincu, abjurait le
protestantisme pour entrer dans le sein de la religion
catholique. Cette abjuration, qui s'était faite en pré-
sence des notabilités de la ville de Thouars, le 29
septembre 1720, avait été précédée d'une déclaration
que nous allons rapporter ici textuellement pour ser-
vir de pièce justificative :

« Aujourd'hui 29ᵉ jour du mois de septembre 1720,
Isaïe Ledet, fils du sieur Ledet, écuyer, seigneur
de Segray, de la ville de Pithiviers, diocèse d'Orléans,
né à Londres, âgé de 21 ans, confesse avoir fait, de
sa propre volonté, et sans aucune contrainte, abju-
ration de l'hérésie de Luther et de Calvin, dite religion
prétendue réformée, entre les mains de messire l'abbé
Goulde, prêtre conseiller du roi, abbé de St-Léon de
Thouars, trésorier de la Sainte-Chapelle de la dite
ville de Thouars, grand doyen de l'église de Kork, et
missionnaire entretenu de sa majesté pour la con-
version des hérétiques et de l'instruction des nouveaux
convertis, suivant le pouvoir qu'il a reçu pour cet
effet de Monseigneur l'illustrissime et révérendissime
évêque de Poitiers ; je promets en la présence de
Dieu et de toute la cour céleste et de très-haut et
très-puissant prince son altesse Monseigneur Frédé-
ric Guillaume de la Trémoille, prince de Tallemand,
comte de Taillebourg, seigneur du duché de Châtel-

lerault, lieutenant général des armées du roi, gouverneur des villes et citadelles de Sarrelouis, et des témoins ci-après soussignés, de garder et suivre inviolablement désormais la foi catholique, apostolique et romaine, hors de laquelle je crois qu'il n'y a point de salut, ainsi que je jure devant Dieu, sur les saints Evangiles, dans la sainte chapelle Notre-Dame du château de Thouars, le jour et an mentionnés ci-dessus. (Signé) Isaïe Ledet, Guil. de la Trémoille, prince de Tallemand, Petit de Lestang, Missi, chantre de la Sainte-Chappelle, Delahaye, Landry Davignon, Filleau, Bertrand Delmé, Bombeller, Zamard, de Rolan, curé du château et l'abbé Goulde. »

Le 14 octobre suivant, une attestation ainsi conçue lui fut délivrée par M. l'abbé Goulde et l'abbesse de Saint-Jean-de-Bonneval.

« Nous soussignés, déclarons que le sieur Isaïe Ledet a fait abjuration de la religion prétendue réformée entre nos mains, suivant les pouvoirs qui nous ont été donnés par Monseigneur l'illustrissime et révérendissime évêque de Poitiers, les jour et an comme il est porté dans l'acte d'abjuration de l'autre part, et dont nous lui avons délivré le présent certificat, comme aussi certifions qu'il a participé avec beaucoup d'édification aux sacrements de Pénitence et d'Eucharistie, ayant communié le 13 de ce mois d'octobre 1720, en notre hôtel abbatial, et pour plus grande approbation nous avons fait apposer le sceau de nos armes et fait contre-signer par notre secrétaire. (signé) l'abbé Goulde ; sœur Elisabeth Le Picard, abbesse de Saint-Jean ; sœur de Châtillon, ancienne abbesse de Saint-Jean, et par mon dit sieur l'abbé Démege. »

Tous ces faits, commentés de mille manières, défrayaient donc la conversation des paysans réunis depuis le matin, quand le personnage si ardemment attendu parut enfin sur la hauteur qui domine la vallée. A ce moment les vivats et les coups de feu éclatèrent, puis une jeune fille vêtue de blanc vint offrir un bouquet et féliciter le nouveau seigneur, qui, de son côté, remercia ses vassaux de leur empressement à le recevoir.

Les compliments d'usage ainsi faits de part et d'autre, Isaïe Ledet requit Pierre Poisson, tabellion et garde du scel du roi à Pithiviers « de le mettre en possession réelle, actuelle et corpelle dudit lieu, terre, fief et seigneurie de Segray, moulin à eau d'iceluy, terres, garennes, prés, aulnays, vigne et fontaine d'eau minérale dudit lieu et en dépendant, ensemble du droit de pêche, et généralement tout ce qui pouvait dépendre et appartenir audit lieu de Segray en quelque sorte et manière que ce soit, sans en rien excepter. »

Obtempérant à la réquisition qui venait de lui être faite, Pierre Poisson se mit aussitôt en devoir de procéder à cette formalité par l'exhibition des titres et contrats relatifs à la seigneurie de Segray, et par la lecture *à haute et intelligible voix* d'une sentence datée du 14 juillet 1822 et rendue par les seigneurs des requêtes de l'hôtel du roi au profit d'Isaïe Ledet à l'encontre de Daniel de Chapuzeaux de Baugé. Cette lecture terminée, Pierre Poisson conduisit le nouveau seigneur dans toutes les maisons composant le hameau de Segray, ainsi que sur chacune des pièces de terre, pré, vigne etc, dépendant de cette seigneurie, puis ils revinrent ensemble, suivis des vassaux, visiter la source d'eau minérale, dont le précédent seigneur, Isaïe-Simon Ledet, avait obtenu, en 1716 et 1719, des lettres patentes de concierge-garde-fontaine.

Pour terminer enfin l'acte de prise de possession, et constater le droit de pêche du seigneur dans la rivière de l'Essonne, le tabellion y fit jeter le filet par Pierre Chaline, meunier, puis il dressa du tout un procès-verbal qui fut attesté par Jean-Baptiste Mercier, seigneur de Solvins et conseiller du roi, et Nicolas Buridan, clerc tonsuré du diocèse de Paris.

Le soir du jour où s'était accomplie la cérémonie dont nous venons de faire le récit, le calme habituel de la charmante petite vallée de Segray était troublé par les sons aigres et discordants d'un violon et d'une cornemuse, par les chants non moins bruyants de quelques vassaux aux cerveaux échauffés par de trop nombreuses libations en l'honneur du nouveau seigneur.

CANTATE

EN L'HONNEUR

DE NOTRE-DAME DE SEGRAIS

Qui sera chantée chaque année à la cérémonie de l'ouverture
de la fontaine, le 1er dimanche de Mai.

Sur l'air : *Reine de France.*

REFRAIN.

Bonne Madone,
En ce beau jour,
Vierge si bonne,
Reçois mon chant d'amour.

1re STROPHE

Que tout ici, les bois, les fleurs et l'onde,
Pour la bénir, tout tressaille à la fois ;
Pour la bénir, je voudrais que le monde,
Le monde entier vint s'unir à nos voix.
Bonne, etc.

2me STROPHE.

Dans ces beaux lieux tant aimés de nos pères,
Nous saluons ton nom cent fois béni ;
De tes enfants, exauce les prières,
Et de leurs cœurs daigne entendre le cri.
Bonne, etc.

3me STROPHE.

Souvent ici dans ce doux sanctuaire,
Oui, nous viendrons, ô vierge de Segrais,
Avec bonheur, ô douce et tendre mère,
A tes genoux, implorer tes bienfaits.
    Bonne, etc.

4me STROPHE.

Bonne Madone, à l'eau médicinale,
Quand je viendrai demander ton secours,
Dans ton rocher, dès l'aube matinale,
Mon cœur au tien s'adressera toujours.
    Bonne, etc.

5me STROPHE.

Viens avec moi sur les flots de la vie ;
De ma nacelle ah ! dirige le cours :
Je ne crains point de Satan la furie,
Auprès de toi, vierge de bon secours.
    Bonne, etc.

6me STROPHE.

Rends à la France, en ces jours de tourmente,
L'antique foi de nos pieux aïeux ;
Donne la force à l'âme languissante,
Assure à tous la couronne des cieux.
    Bonne, etc.

A. G.

CANTATE

EN L'HONNEUR

DE SAINT GERVAIS & DE SAINT PROTAIS

Patrons de l'église de Pithiviers-le-Vieil

Qui sera chantée chaque année devant la châsse qui contient les reliques des deux saints, et devant le grand et magnifique tableau de leur martyre, donné par l'État en 1874.

REFRAIN.

Chantons les combats et la gloire
Des saints, nos illustres aïeux ;
Ils ont remporté la victoire,
Ils sont couronnés dans les cieux ;
Il n'est plus pour eux de tristesse,
Plus de combats, plus de douleurs ;
Ils moissonnent dans l'allégresse, } *bis.*
Ce qu'ils ont semé dans les pleurs, }

Sur l'air : Minuit Chrétiens.

1re STROPHE.

Les voyez-vous dans la lice sanglante
Ces deux héros, nos patrons glorieux ?
En vain, en vain, la hache menaçante
Veut les courber sous la loi des faux dieux ;

Entendez-vous, d'une voix solennelle,
Je suis chrétien ! a dit chaque martyr,
Je suis chrétien ! et pour la loi nouvelle,
Tous deux ensemble, oui, nous voulons mourir. *(bis)*.
  Chantons, etc.

2me STROPHE.

Vous voudriez de notre foi chrétienne,
Nous arracher le si précieux don !
Non, non, jamais, que le ciel nous soutienne,
Nous ne ferons un si lâche abandon.
Cruels bourreaux, tous vos faux dieux de Rome,
Gervais, Protais, pourraient-ils les prier ?
Non, non, jamais ! au vrai Sauveur de l'homme,
A Jésus-Christ, ils vont sacrifier. *(bis)*.
  Chantons, etc.

3me STROPHE.

Ils sont tombés ! dans la sainte patrie,
Ils vont revoir avant eux couronnés,
Leurs chers parents Vital et Valérie (1)
Martyrs comme eux, pour la foi condamnés ;
Ensemble au ciel, ils chanteront la gloire
De ce grand Dieu qui les fit triomphants :
Enfants des Saints, célébrez la victoire
De nos patrons, par vos pieux accents. *(bis)*.
  Chantons, etc.

4me STROPHE.

Dieu des martyrs, à l'âme défaillante,
Donnez la force au milieu des combats.

(1) Saint-Vital et Sainte-Valérie, les père et mère de Saint-Gervais et Saint-Protais, martyrisés l'un à Ravenne, l'autre à Milan, lieu du martyre de leurs enfants.

Dans les sentiers d'une vertu constante,
Soutenez-nous, affermissez nos pas ;
Comme à nos saints donnez-nous la victoire
Sur les faux dieux dont le monde est rempli,
Afin qu'au ciel, avec eux dans la gloire,
Nous goûtions tous un bonheur accompli.   *(bis).*
Chantons, etc.

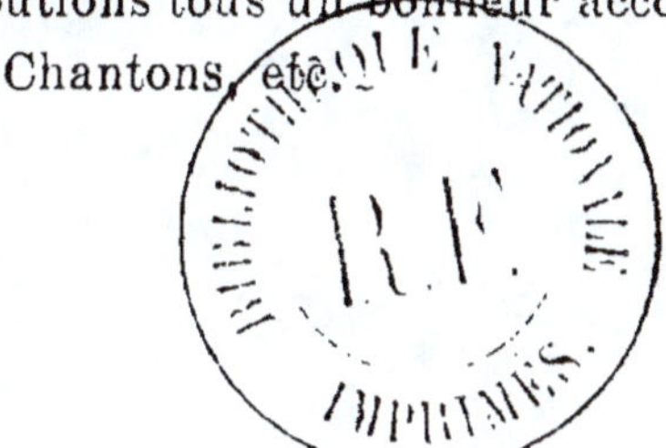

A. G.

IMPRIMERIE NOUVELLE. — LANGEVIN, A PITHIVIERS.

IMPRIMERIE NOUVELLE. — LANGEVIN, A PITHIVIERS.

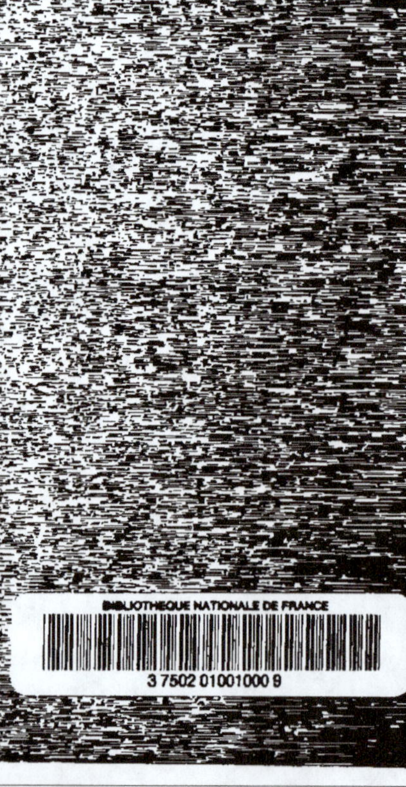
BIBLIOTHEQUE NATIONALE DE FRANCE
3 7502 010001000 9